Gerd Berner

Ausführliche Erläuterungen zur Parabel für Oberstufenschüler und Studienanfänger

GRIN Verlag

Bibliografische Information der Deutschen Nationalbibliothek:

Die Deutsche Bibliothek verzeichnet diese Publikation in der Deutschen National-
bibliografie; detaillierte bibliografische Daten sind im Internet über http://dnb.d-
nb.de/ abrufbar.

Impressum:

Copyright © 2012 GRIN Verlag, Open Publishing GmbH
Druck und Bindung: Books on Demand GmbH, Norderstedt Germany
ISBN: 978-3-656-15278-1

Dieses Buch bei GRIN:

http://www.grin.com/de/e-book/189459/ausfuehrliche-erlaeuterungen-zur-parabel-
fuer-oberstufenschueler-und-studienanfaenger

GRIN - Your knowledge has value

Der GRIN Verlag publiziert seit 1998 wissenschaftliche Arbeiten von Studenten, Hochschullehrern und anderen Akademikern als eBook und gedrucktes Buch. Die Verlagswebsite www.grin.com ist die ideale Plattform zur Veröffentlichung von Hausarbeiten, Abschlussarbeiten, wissenschaftlichen Aufsätzen, Dissertationen und Fachbüchern.

Besuchen Sie uns im Internet:

http://www.grin.com/

http://www.facebook.com/grincom

http://www.twitter.com/grin_com

Ausführliche Erläuterungen zur Parabel
für Oberstufenschüler und Studienanfänger
zusammengestellt von Gerd Berner, M. A., StD a. D.

Was ist eine Parabel, und woran erkennt man sie? Ich bringe zunächst einige bekannte Kurzdefinitionen:

1) Das Metzler-Literaturlexikon erklärt Parabel so: „allgemein ein zur selbständigen Erzählung erweiterter Vergleich, der von nur einem Vergleichspunkt aus durch Analogie auf den gemeinten Sachverhalt zu übertragen ist, ohne direkten Verweis wie beim Gleichnis."[1]
2) Gero von Wilpert führt im Sachwörterbuch der Literatur aus, Parabel sei „eine lehrhafte Erzählung, die eine … Wahrheit oder Erkenntnis durch einen … Analogieschluss aus einem anderen Vorstellungsbereich erhellt, der nicht ein in allen Einzelheiten übereinstimmendes Beispiel gibt, … sondern nur in einem Vergleichs-punkt …übereinstimmt."[2]
3) Grete Schneider sieht in der Parabel die „Verbildlichung unanschaulicher Gedanken".[3]
4) Werner Brettschneider meint, Parabel bedeute, in einer Weise zu sprechen, „die nicht im eigentlichen und wörtlichen Sinne verstanden werden soll, sondern in der Weise der Übertragung."[4]
5) Das Cornelsen-Literaturlexikon bezeichnet die Parabel als „einen in einer meist kurzen Erzählung dargestellten Vergleich, wobei die erzählte Geschichte durch Analogie auf den tatsächlich gemeinten Sachverhalt übertragen werden muss." In der modernen Literatur dienten Parabeln oft zur Darstellung einer verrätselten Welt.[5]

Ich fasse jetzt einige mir wesentlich erscheinende Punkte zusammen.

Von einer Parabel kann man m. E. sprechen, wenn folgende grundlegende, zur Feststellung dienende Merkmale vorliegen:

eine Parabel
- ist ein fiktionaler Text
- ist eine narrative Kurzform
- erzählt einen Sonderfall, einen interessanten Einzelfall, der oft ein überraschendes, erregendes, bis zum Ärgerlichen gehendes Moment enthält
- enthält nur ein Gesagtes in der erzählten Bildhälfte
- ist somit eine auf die Bildhälfte reduzierte Erzählung
- die Realbezüge des Erzählten stehen nicht für sich, sondern verweisen auf ein nicht erzähltes und nicht gesagtes Gemeintes
- enthält neben der Bildhälfte keine Sachhälfte
- es gibt keine auf diese Sachhälfte hinweisende Vergleichspartikel
- aus der Bildhälfte lassen sich nicht alle Teile des Gesagten auf die Sachhälfte übertragen
- das erzählte Geschehen (das Gesagte) hat also nicht in allen Punkten eine Entsprechung im übertragenen Sinn (in dem Gemeinten)
- das Bild steht nicht, wie im Gleichnis, neben, sondern statt der Sache

1

- als Verrätselung der Wirklichkeit muss die nicht genannte Sachhälfte erschlossen werden
- Analogie heißt Entsprechung, Ähnlichkeit, Gleichheit von Verhältnissen, Übereinstimmung, Anwendung auf einen ähnlichen Tatbestand
- ohne einen Analogieschluss, die Entschlüsselung des Gesagten, bleibt die Bild-hälfte unverständlich
- hat einen Appellcharakter, sie bedarf der Deutung und will Denkvorgänge auslösen
- kann transzendentale, mitunter auch offen religiöse Bezüge haben.

Ich habe daraus im Unterricht folgenden kurzen Tafelanschrieb gemacht:

	Eine
Parabel	* ist
eine epische Kurzform	
* ein ärgerlicher Sonderfall wird erzählt	
* die Bildhälfte (das Gesagte) bedarf einer auslegenden Deutung (das Gemeinte)	
* im Gegensatz zum „verständlichen" Vergleich und Gleichnis fehlen der zunächst „unverständlichen" Parabel jegliche Vergleichspartikel	
* das Tertium comparationis liegt in e i n e m Punkt	
* ein transzendenter und/ oder religiöser Bezug k a n n erkennbar sein	

Damit aber kein Leser glaubt, er habe nach diesen Ausführungen, die sich in meiner Schulpraxis bei der Interpretation von Kafka-Parabeln bewährt haben, den Schlüssel zur Entschlüsselung von Parabeln in der Hand, schränke ich ein:
„Allen interpretatorischen Anstrengungen zum Trotz gibt das Gleichnis (und die Parabel) in der unaufhebbaren Bildhaftigkeit seines Sagens das ihm abgeforderte Geheimnis nie völlig preis. Deshalb wird seine Interpretation zu einer niemals zu Ende geführten Aufgabe. ... Auch das verstandene Bild bleibt Bild und als solches für immer neue Interpretationen offen."[6]
Oder: „Die Parabel ist als Ganzes mit ihren beiden Hälften – Bild und Deutung – dem Bereich esoterischer Rede zuzurechnen, sofern sie nicht bloß als einschichtige Erzählung, sondern als doppelgesichtige Gleichnisrede verstanden wird, mit der ihr vom Propheten auferlegten Leistung, „das Verborgene vom Anfang der Welt auszusprechen" Mt. 13, 35".[7]

Auf den Terminus ‚Kurzform' habe ich schon verwiesen, die Parabel „berichtet nur das Notdürftigste - Gerade so viel, wie erforderlich ist, damit die Erscheinungen das Licht einer hinter ihnen liegenden höheren Bedeutung reflektieren."[8]

„Die Beziehung von Bild- und Sachteil ist anders als in der Fabel. Innerhalb des Bildteils finden sich keine eindeutig zu entschlüsselnden semantischen Indikatoren des gemeinten Sachverhaltes. ... Die Relation zwischen Bild- und Sachteil muss im Denkvorgang der Analogie erschlossen werden. Dabei können einzelne semantische Indikatoren innerhalb des Bildteils Hinweise auf das Gemeinte geben, oder die Beziehung von Gesagtem und Gemeintem muss ... vom Leser ermittelt werden."[9]

Eine wesentliche Eigenart der Parabel, deren Gemeintes zu entschlüsseln dem Analogieschluss obliegt, ist: „Die Vergleichbarkeit des tatsächlich Erzählten mit dem eigentlich Gemeinten muss nicht in allen Einzelheiten gegeben sein, sondern besteht in einem zentralen Punkt (Tertium comparationis)"[10] Die Parabel hat „ihren Sinn nicht in der Geschichte selbst, sondern in dem, was ihr Inhalt bedeutet."[11]

Ob der Sinn der Parabel erfasst wird, der Rezipient also aufmerkt, dass er das in der Bildhälfte Gesagte auf eine andere gedankliche Ebene übertragen muss, hängt von seiner Fähigkeit zur Analogie ab, von seinem Textmusterwissen, seinem allge-meinen Weltwissen, seinen Vorkenntnissen, seinem Bildungshorizont, also von seinem Hintergrundwissen.

Bei meiner Vorgehensweise der Parabelinterpretation habe ich mich durch eine von Pelster/ Krebs[12] vorgeschlagene Skizze inspirieren lassen. Ein nahezu gleiches Schaubild war vorher von Theodor Pelster bereits veröffentlicht worden.[13] Es findet sich in Grundzügen ebenfalls bei van Rinsum.[14]
Ich habe daraus unter Verwendung des einschlägigen Vokabulars folgendes Tafel-bild entworfen:

Bildhälfte	Sachhälfte
Bildebene	Sachebene
Bildteil	Sachteil
das Gesagte	das Gemeinte
das Wörtliche	das Übertragene
der konkrete Einzelfall	die gedankliche Abstraktion
das Bedeutende	das Bedeutete
das Bezeichnende	das Bezeichnete
der Signifikant	der Signifikat
die materiell sinnliche Gestalt	der gedanklich-geistige Gehalt
das bildlich Vordergründige	das eigentlich Hintergründige
das Vieldeutige	die Ver-Eindeutigung
das in eine Chiffre Gekleidete	das Dechiffrierte und Entzifferte

Deutungsanreiz oder Sinnverweigerung

Mit dieser graphisch verdeutlichenden Methode habe ich nun einige biblische Texte untersucht. Ich bin dabei zu dem Ergebnis gelangt, von den rund 35 im NT bei den drei Evangelisten Matthäus, Markus und Lukas erzählten Gleichnissen sind zwar die meisten Gleichnisse, aber sechs davon sind Parabeln, bei denen der Unterschied zum Gleichnis vor allem darin besteht, dass hier die Sachhälfte ausgespart ist und die Hörer diese allein aus der Bildhälfte erschließen müssen. Im NT deutet Jesus seine Parabeln häufig selbst. Er sagt oft: „Wer Ohren hat zu hören, der höre!", er will dadurch, so bei Mt. 13, 35 Dinge verkünden, die verborgen waren. Oder die Jünger sagen: „Erkläre uns das Gleichnis [i. e. die Parabel] vom Unkraut auf dem Acker! Er aber antwortete und sprach ..." (Mt. 13, 37)
Parabeln im o. g. Sinn sind die „Gleichnisse mit Deutung" vom Säemann (Mt. 13, 3 und Lk. 8, 4), vom Unkraut unter dem Weizen (Mt. 13, 24), vom Fischnetz (Mt. 13, 47) und vom Säemann bei Mk. 4, 3 .

Einzig das bei Lukas 15, 11 – 32 erzählte Gleichnis vom verlorenen Sohn bleibt ohne Deutung der Sachhälfte.

Ich möchte meine im Unterricht der gymnasialen Oberstufe oft angewendete und bewährte Interpretationsmethode an zwei ausgewählten Texten demonstrieren.

Der erste stammt aus „Die Legenden des Baalschem", erstmals erschienen 1955 bei Manesse in Zürich. Der Titel „Der Palast" ist nicht original, sondern wie der Text rezitiert nach dem Klett-Lesebuch A 10[15]. Veröffentlicht hat ihn 1908 der Wiener Religionsphilosoph und Soziologe Martin Buber (1878-1965), der 1935 aus der nationalsozialistischen Reichsschrifttumskammer ausgeschlossen wurde und später an der Hebräischen Universität von Jerusalem Anthropologie und Soziologie lehrte. In vielen Schriften hat er versucht, dem Westen die Welt des Chassidismus zu vermitteln, einer im 18. Jahrhundert unter polnischen Juden entstandenen Glaubens-bewegung. Unter den Chassidim galt Israel Ben Elieser, genannt Baal-Schem-Tow, als anerkannter Lehrer. (Näheres dazu auf der Internetseite des BBKL und in Kröners Philosophielexikon)[16]

Der Palast
      Ein König baute einst einen großen und herrlichen Palast mit zahllosen Gemächern, aber nur ein Tor war geöffnet. Als der Bau vollendet war, wurde verkündet, es sollten alle Fürsten vor dem König erscheinen, der in dem letzten der Gemächer throne. Aber als sie eintraten, sahen sie: da waren Türen offen nach allen Seiten, von denen führten gewundene Gänge in die Ferne, und da waren wieder Türen und wieder Gänge, und kein Ziel erstand vor dem verwirrten Auge. Da kam der Sohn des Königs und sah, dass all die Irre eine Spiegelung war, und sah seinen Vater sitzen in der Halle vor seinem Angesicht.

Meine Schüler haben daraus dieses Tafelbild entworfen:

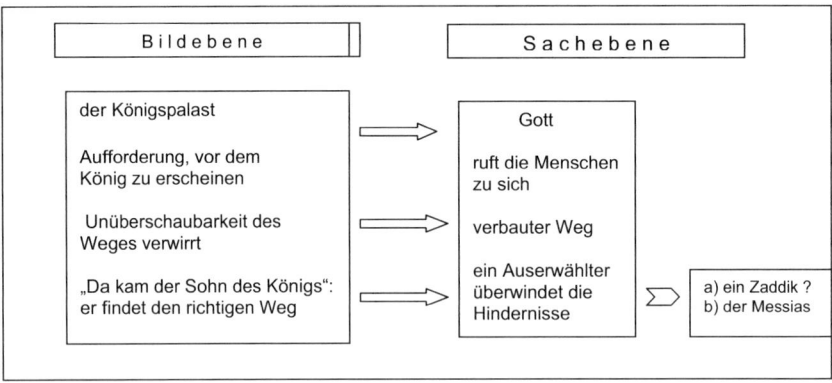

Das Tertium comparationis, die Frage also, wen diese chassidische Parabel mit dem „Sohn des Königs" meint, lässt drei mögliche Antworten zu. Der E i n e könnte ein Zaddik sein, im Judentum ursprünglich ein Frommer, im Chassidismus ein Meister, der den in der Welt verborgenen Gott leidenschaftlich sucht und die Grenzen der menschlichen

Erkenntnis (die Irre, die Spiegelung im Text) durch-dringen kann und so zum Mittler zwischen Gott und den Menschen wird.

Oder es ist der Messias, der Gesalbte, der auserwählte Heilsbringer religiöser oder politischer Art, auf den die Juden noch heute warten. Eine dritte Deutung kann nur von Christen erbracht werden: diesen Messias sieht das NT in Jesus von Nazareth.

Eine Reduzierung der Deutungsmöglichkeiten läge im Appellcharakter dieser Para-bel, nämlich in dem unausgesprochenen Imperativ, sich den Weg zu Gott zeigen zu lassen.

Der zweite Text stammt von Franz Kafka und erschien erstmals in „Beschreibung eines Kampfes. Novellen, Skizzen, Aphorismen. Aus dem Nachlass hg. v. Max Brod" 1936 in Prag. Brod hat den Text mit der Überschrift „Heimkehr"[17] versehen:

1	Ich bin zurückgekehrt, ich habe den Flur durchschritten und blicke
	mich um. Es ist meines Vaters alter Hof. Die Pfütze in der Mitte.
	Altes, unbrauchbares Gerät, ineinanderverfahren, verstellt den
	Weg zur Bodentreppe. Die Katze lauert auf dem Geländer. Ein
5	zerrissenes Tuch, einmal im Spiel um eine Stange gewunden, hebt
	sich im Wind. Ich bin angekommen. Wer wird mich empfangen?
	Wer wartet hinter der Tür der Küche? Rauch kommt aus dem
	Schornstein, der Kaffee zum Abendessen wird gekocht. Ist dir
	heimlich, fühlst du dich zu Hause? Ich weiß es nicht, ich bin sehr
10	unsicher. Meines Vaters Haus ist es, aber kalt steht Stück neben
	Stück, als wäre jedes mit seinen eigenen Angelegenheiten beschäftigt die
	ich teils vergessen habe, teils niemals kannte. Was kann ich ihnen
	nützen, was bin ich ihnen und sei ich auch des Vaters, des alten
	Landwirts Sohn. Und ich wage nicht, an der Küchentür zu
15	klopfen, nur von der Ferne horche ich, nur von der Ferne horche
	ich stehend, nicht so, dass ich als Horcher überrascht werden könn-
	te. Und weil ich von der Ferne horche, erhorche ich nichts, nur ei-
	nen leichten Uhrenschlag höre ich oder glaube ihn vielleicht nur
	zu hören, herüber aus den Kindertagen. Was sonst in der Küche
20	geschieht, ist das Geheimnis der dort Sitzenden, das sie vor mir
	wahren. Je länger man vor der Tür zögert, desto fremder wird
	man. Wie wäre es, wenn jetzt jemand die Tür öffnete und mich
	etwas fragte. Wäre ich dann nicht selbst wie einer, der sein Ge-
24	heimnis wahren will.

Ich gebe zunächst zur Erhellung der Bildhälfte eine kurze Analyse der Parabel:

Lebensgeschichtlicher Hintergrund der Parabel ist die in der zweiten Jahreshälfte 1917 erfolgte Lösung von Felice und der ab Mitte 1920 sich abzeichnende Verzicht auf Milena Jesenska. Hinzu kommt die offizielle Feststellung einer Lungentu-berkulose, zu deren Behandlung Kafka am Jahresende 1920 in die Hohe Tatra abreist.

Da es viele Selbstzeugnisse gibt, dass Kafka sein Schreiben als (wenn auch bildhaft verfremdete) Selbstdarstellung aufgefasst hat, wäre ein literarischer Nieder-schlag denkbar.

Die durch das Milena-Treffen in Gmünd ausgelöste Erzählung ist in der Ich-Form geschrieben. Der Ich-Erzähler teilt zunächst die Tatsache seiner Rückkehr im Perfekt mit („Ich bin zurückgekehrt, ich habe den Flur durchschritten", Z. 1), wechselt dann aber in das durchgehende Tempus Präsens, um die äußere und innere Situation dieses bestimmten Augenblickes der Heimkehr aus der Perspektive des Heimkeh-renden zu beschreiben.

Während der Ich-Erzähler sich nach Durchschreiten des Flures umblickt, erkennt er vieles aus der Zeit vor seiner Aus- oder Abreise wieder. Seines „Vaters alter Hof" (Z. 2) wird eigentlich ganz realistisch beschrieben, so dass der Leser den Eindruck eines armen, bäuerlichen Anwesens gewinnt, das durch seine Attribute (Ackergeräte, eine Bodentreppe mit Geländer, ein nicht plattierter Hof mit einer „Pfütze in der Mitte" (Z. 2), eine Hauskatze, ein rauchender Schornstein) durchaus der Gegenwart zugeordnet werden könnte.

Freude über die Heimkehr scheint der Ich-Erzähler zu empfinden: er wiederholt, leicht variiert, aber doch emphatisch den Eingangssatz: „Ich bin angekommen." (Z. 6) Er stellt die erwartungsvolle Frage „Wer wird mich empfangen? Wer wartet hinter der Tür der Küche?" (Z. 6 f.)

Diese unbeantwortete Frage steht im Futur, weicht also von dem durchgehenden Präsens ab. Die Repetitio scheint darauf hinzuweisen, dass eine freudige Begrüßung bevorsteht. Man könnte auch von einer Correctio sprechen, nämlich insofern, als dem Sprechenden der Gedanke, bloß empfangen zu werden, als zu schwach erscheint und er damit rechnet, dass die Ihn-empfangen-Wollenden bereits „hinter der Tür der Küche" (Z. 7) warten, um sie zu öffnen und ihn in die Arme zu schließen. Dieser positive Eindruck wird durch das Folgende scheinbar bestätigt: „Rauch kommt aus dem Schornstein, der Kaffee zum Abendessen wird gekocht." (Z. 7 f.) – er wird daran teilhaben.

Diese Vorwärtsbewegung einer positiven Entwicklung wird jedoch gehemmt durch die seltsam anmutende Frage des Ich-Erzählers an sich selbst: „Ist dir heimlich, fühlst du dich zu Hause?" (Z. 8 f.) Er beantwortet sich diese seltsame Frage selbst und sagt, er wisse nicht, ob er sich heimisch, ob er sich „zu Hause" fühle. Der in dieser Antwort angedeutete Umschlag der positiven Erwartung ins Negative wird zusammengefasst in der Aussage „Ich bin sehr unsicher." (Z. 9 f.) Zwar, müsste man sinngemäß ergänzen, ist all das, was der Ankommende sieht, seines „Vaters Haus" (Z. 10), doch die sich anschließende, im Text nur an dieser Stelle vorkommende adversative Konjunktion „aber" verstärkt den negativen Eindruck: „kalt steht Stück neben Stück" (Z. 10 f.) Ein Gefühl der Abweisung und Leblosigkeit wird durch das als Adverbial verwendete Adjektiv „kalt" evoziert und durch den anschließenden Modalsatz verstärkt: „als wäre jedes (Ding/ Stück) mit seinen eigenen Angelegenheiten beschäftigt." (Z. 11)

Der attribuierte Relativsatz könnte die abweisende Haltung erklären. Der Ich-Erzähler hat diese „Angelegenheiten" „teils vergessen ..., teils niemals (ge)kannt" (Z. 12). Das Vergessen könnte auf eine sehr lange Abwesenheit hinweisen, die zu einem Sich-nicht-mehr-identifizieren-Können mit den Belangen der daheim Geblie-benen geführt hat (das Indefinitpronomen „jedes" bezieht sich syntaktisch zwar auf das neutrale „Stück", ließe sich aber auch von den Personen auf dem Hof sagen).

Vielleicht resultiert das Gefühl der Zurückweisung auch aus der Tatsache, dass der Heimkehrende plötzlich erkennt, dass er ein Fremder ist, weil er, obgleich zurück-gekehrt, noch niemals, d. h. auch vor seinem Weggang, die Angelegenheiten seiner Familie wirklich gekannt hat.

Der Ich-Erzähler verstärkt diese Gefühle durch zwei rhetorische Fragen: „Was kann ich ihnen nützen, was bin ich ihnen und sei ich auch des Vaters, des alten Landwirts Sohn." (Z. 12 ff.) Obgleich er der Sohn seines Vaters ist, überfällt ihn ein Gefühl der eigenen Nutzlosigkeit, des Dem-Vater-nichts-Bedeutens.

Mutlosigkeit macht sich im Ich-Erzähler breit, angesichts der eigenen Nichtigkeit wagt er nicht, „an die Küchentür zu klopfen" (Z. 14 f.), er traut sich nicht, den entscheidenden Schritt über die Schwelle zu tun. Stattdessen horcht er. Er flieht die nicht mehr als

Heimat erfahrene Heimat nicht, sondern erstarrt vor der Küchentür und horcht. Die dreimalige Wiederholung des präpositionalen Adverbials „von der Ferne", noch verstärkt durch das Adverb „nur", fällt ins Auge. Der Ich-Erzähler steht ja noch vor der Küchentür, während er horcht, aber er sieht seinen Zustand (modal, da lokal unlogisch) bereits als „Ferne" an, er hat sich schon entfernt, ist nicht mehr auf ‚seines Vaters altem Hof', sondern innerlich schon weit weg, fremd geworden – entfremdet.

Er scheint diesen Zustand auch nicht ändern zu wollen, denn „stehend" horcht er zudem, weil er nicht möchte, dass er bei einem unwahrscheinlichen, zufälligen Öffnen der Tür „als Horcher überrascht werden könnte." (Z. 16 f.)

Allerdings hört er aufgrund der Entfernung so gut wie nichts. „Nur einen leichten Uhrenschlag … herüber aus den Kindertagen" (Z. 18 f.) hört er oder glaubt ihn zu hören. Er ist sich nicht sicher, ob er ihn tatsächlich vernimmt oder nur wahrzunehmen vermeint.

Der Ich-Erzähler erfährt nicht, „was sonst in der Küche geschieht" (Z. 19 f.) Er konstatiert, das sei „das Geheimnis der dort Sitzenden, das sie vor mir wahren." (Z. 20 f.) Das klingt etwas vorwurfsvoll, wird aber sofort relativiert; denn auch er „will … sein Geheimnis wahren." (Z. 23 f.) Er hat sich gefragt (im Text steht ein Punkt!), was passierte, „wenn jetzt jemand die Tür öffnete" (Z. 22) und ihn etwas fragte. Im Text findet sich ein Hinweis, weshalb er sich dann ebenso wie die im Haus Befind-lichen verhielte: „Je länger man vor der Tür zögert, desto fremder wird man." (Z. 21 f.) Er hat schon zu lange gezögert, um die eigene Fremdheit zu überwinden.

Das Ende dieses fiktionalen Textes steht scheinbar in Widerspruch zu dem Hoffnung erweckenden Anfang. In Wirklichkeit aber präsentieren sich auch dort schon die Dinge in der Gegenwart der Heimkehr als auf das Ende verweisend. Die Adjektivattribute ‚alt, unbrauchbar, ineinanderverfahren, zerrissen' besitzen schon ein negatives Konnotat; sie bezeichnen Ungepflegtes, Unnützes, Unbrauchbares. Der verstellte Weg ist ein Hindernis, die lauernde Katze signalisiert Gefahr (und end-gültige Bedrohung wie die Katze in der Kleinen Fabel).

Gemeinsam ist den wenigen, von mir genannten Textformanten das Element des Feindseligen, des Unzugänglichen gegenüber dem Heimkehrer. Auch die noch als positiv gesehene Küche als Ort des momentanen und zukünftigen Zusammenseins erweist sich in Wirklichkeit als hinderlich für die gewünschte Kommunikation wie die Küche in Kafkas „Nachbar".

Obgleich nicht klar gesagt wird, ob der Heimkehrende sich noch zum Überschreiten der Türschwelle überwindet oder ob es keine Heimkehr geben wird, ist der Interpret doch geneigt, auf das Allein-sein-Wollen des Schutzmannes in „Gib's auf" zu verweisen, das für das irrende und Hilfe suchende Ich einen wohl tragischen Ausgang bedeutet; unter diesem Aspekt müsste auch das beiderseitige Wahren des Geheimnisses diesseits und jenseits der Küchentür für den Ich-Erzähler als einen Heimkehrenden tragisch enden. Das Tertium comparationis liegt, um bei einer Formulierung Friedrich Beissners zu bleiben, in der misslingenden Ankunft oder dem verfehlten Ziel.

Das Tertium comparationis müsste nach meinen oben dargestellten Erläuterungen zur Parabel in e i n e m Punkt liegen, welcher das in der Bildhälfte in vielen Einzelheiten erzählte Geschehen dem in der Sachhälfte Gemeinten vergleichbar macht, und das ist nach meiner Auffassung: die nicht gelungene Ankunft, die fehlgeschlagene Heimkehr, das persönliche Scheitern des Heimkehrwilligen bei dem von ihm selbst gesetzten Ziel.

Graphisch könnten die in der durchgeführten Analyse aufgefundenen Einzelheiten des als Bildhälfte Gesagten mit ihrer Entsprechung in nur wenigen Punkten oder gar nur in einem Moment in der Sachhälfte so dargestellt werden:

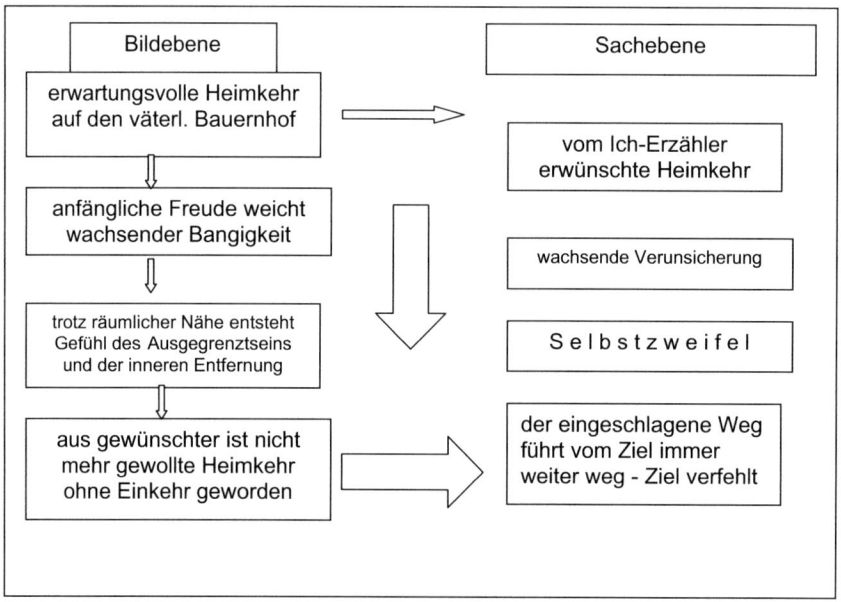

Unter Beachtung der in meinem Tafelbild zur Parabel festgehaltenen Punkte verdient gerade bei diesem Text der sechste besondere Beachtung und lässt auch gewiss einen transzendenten, wenn nicht gar offen religiösen Analogieschluss möglich erscheinen. Denn die Ähnlichkeit mit dem in Lukas 15, 11 – 32 erzählten Gleichnis vom verlorenen Sohn fällt ins Auge. Um die Unterschiede zwischen beiden Texten und ihre antithetische Intention zu verdeutlichen, gebe ich das biblische Gleichnis, in der Fassung der Zürcher Bibel, wieder:

11 Er sprach aber: Ein Mann hatte zwei Söhne. 12 Und der jüngere von ihnen sagte zum Vater: Vater, gib mir den Teil des Vermögens, der mir zukommt! Der aber verteilte seine Habe unter sie. 13 Und nicht viele Tage darnach nahm der jüngere Sohn alles mit sich und zog hinweg in ein fernes Land., und dort vergeudete er sein Vermögen durch ein zügelloses Leben. 14 Nachdem er aber alles durchgebracht hatte, kam eine gewaltige Hungersnot über jenes Land, und er fing an, Mangel zu leiden.15 Und er ging hing und hängte sich an einen der Bürger jenes Landes; der schickte ihn auf seine Felder, Schweine zu hüten. 16 Und er begehrte, seinen Bauch mit den Schoten zu füllen, die die Schweine fraßen; und niemand gab sie ihm.17 Da ging er in sich und sprach: Wie viele Tagelöhner meines Vaters haben Brot im Überfluss, ich aber komme hier vor Hunger um! 18 Ich will mich aufmachen und zu meinem Vater gehen und zu ihm sagen: Vater, ich habe gesündigt gegen den Himmel und vor dir; 19 ich bin nicht mehr wert, dein Sohn zu heißen; stelle mich wie einen deiner Tagelöhner! 20 Und er machte sich auf und ging zu seinem Vater. Als

er aber noch fern war, sah ihn sein Vater und fühlte Erbarmen, lief hin, fiel ihm um den Hals und küsste ihn.21 Der Sohn aber sprach zu ihm: Vater, ich habe gesündigt gegen den Himmel und vor dir, ich bin nicht mehr wert, dein Sohn zu heißen. 22 Doch der Vater sagte zu seinen Knechten: Bringet schnell das beste Kleid heraus und ziehet es ihm an und gebet ihm einen Ring an die Hand und Schuhe an die Füße, 23 und holet das gemästete Kalb, schlachtet es und lasset uns essen und fröhlich sein! 24 Denn dieser mein Sohn war tot und ist wieder lebendig geworden, er war verloren und ist wiedergefunden worden. Und sie fingen an, fröhlich zu sein.

25 Sein älterer Sohn aber war auf dem Felde; und als er kam und sich dem Hause näherte, hörte er Musik und Reigentanz. 26 Und er rief einen der Knechte herbei und erkundigte sich, was das sei. 27 Der aber sagte ihm: Dein Bruder ist gekommen, und dein Vater hat das gemästete Kalb geschlachtet, weil er ihn gesund wiedererhalten hat. 28 Da wurde er zornig und wollte nicht hineingehen. Doch sein Vater kam heraus und redete ihm zu. 29 Er aber antwortete und sagte zum Vater: Siehe, so viele Jahre diene ich dir und habe nie ein Gebot von dir übertreten; und mir hast du nie einen Bock gegeben, damit ich mit meinen Freunden fröhlich wäre. 30 Nun aber dieser dein Sohn gekommen ist, der deine Habe mit Dirnen aufgezehrt hat, hast du ihm das gemästete Kalb geschlachtet.31 Da sagte er zu ihm: Kind, du bist allezeit bei mir, und alles, was mein ist, ist dein. 32 Du solltest aber fröhlich sein und dich freuen; denn dieser dein Bruder war tot und ist lebendig geworden, und (war) verloren und ist wiedergefunden worden.

Dieser Text[18] unterscheidet sich nur unwesentlich von dem Text der Luther-Übersetzung[19]. Auffallend sind die Abweichungen zwischen der Gleichnis- und der Parabelfassung.

Lukas erzählt eine längere Vorgeschichte, schildert den Akt der Selbsterkenntnis des jüngeren Sohnes, den herzlichen Empfang durch seinen Vater bei der Heimkehr, die Unzufriedenheit des Älteren und dessen Belehrung. Das Tertium comparationis der biblischen Erzählung[20] i.e.S. läge in der Erkenntnis: wir können noch so schuldig werden, von unserem Vater werden wir jederzeit wieder auf- und angenommen. Einige Interpreten haben den Text daher auch die Parabel vom gütigen Vater genannt. Die Allegorese neigt dazu, den Vater in der Sachhälfte mit Gott gleichzusetzen. Der Punkt, in dem Bild- und Sachhälfte sich berühren, läge dann in der Aussage: es gibt für den reumütigen Sünder einen gnädigen Gott. Vor dem Hintergrund dieser Deutung, und das geht in den Bereich des Text- und Hintergrundwissens, den ich oben angesprochen habe, ließe sich, daran anknüpfend, von Kafkas Parabel als Tertium comparationis formulieren, es gebe keinen gnädigen oder nur einen ungnädigen und strafenden Gott.

Wie dem auch sei, ob man einer religiösen Deutung zuneigt oder „auch diesen Text auf die Biographie des Autors zurückbezieht und dort ein Deutungsmuster"[21] sucht oder, wie Hartmut Binder, das Milena-Erlebnis einer gescheiterten Frauenbeziehung[22] mit einbezieht, ich halte das für Deutungsansätze, die ein sehr fundiertes Hintergrundwissen erfordern oder einen gut bestückten Apparat mit Sekundärliteratur, über das bzw. den Schüler normalerweise nicht verfügen. Ich war schon zufrieden, wenn meine Schüler als Tertium comparationis die misslingende Ankunft[23] oder das verfehlte Ziel nennen konnten.

Vielleicht sollte ich noch eine Bemerkung zu der Gattungsbezeichnung ‚Parabel' machen. Vergleicht man die Einträge verschiedener literaturwissenschaftlicher Lexika (Harenberg, Metzler, Meyers u. a.), so kann man feststellen, dass sie in gleicher Weise für die Texte Kafkas, Brechts, Frischs und Dürrenmatts verwendet wird. Doch zeigen sich m. E. bei diesen Schriftstellern Unterschiede, was die Intention der Parabel genannten Texte betrifft. Sie ist grundlegend anders als meine oben bei Kafka beschriebene, die ich im Oberstufenunterricht vertreten habe.

Ich nenne nur drei als Parabeln bezeichnete Werke Brechts. In der 1934/ 35 entstandenen Parabel „Die Horatier und die Kuratier" propagiert er sehr deutlich das dialektische Denken Lenins; in der 1936 im Exil uraufgeführten Parabel „Die Rund-köpfe und die Spitzköpfe" deckt er die ökonomischen und sozialen Hintergründe der NS-Diktatur auf und übernimmt dabei ohne Abstriche die kommunistische Faschis-mustheorie; auch die 1941 entstandene und 1943 in Zürich zur Uraufführung ge-langte Parabel „Der gute Mensch von Sezuan" ruft zur Veränderung der Gesellschaft auf.

Auch wenn Brecht schrieb, die Parabel sei um vieles schlauer als andere Formen, sie stelle daher für den Dramatiker das Ei des Kolumbus dar, indem sie das Wesentliche augenfällig mache, so schimmert doch überall die materialistische Basis-Überbau-Theorie durch, wie Marx sie im Vorwort zur Kritik der Politischen Ökonomie formuliert hat: „Die Produktionsweise des materiellen Lebens bedingt den sozialen, politischen und geistigen Lebensprozess überhaupt. Es ist nicht das Bewusstsein der Menschen, das ihr Sein, sondern umgekehrt ihr gesellschaftliches Sein, das ihr Bewusstsein bestimmt."[24]

Max Frisch dagegen lehnt die Anwendung fertiger, ideologisch geprägter Gesellschaftsmodelle ab, deshalb zeigt er auch keine Mittel zu einer gesell-schaftlichen Veränderung.

Am weitesten vom Diamat und Histomat Brechtscher Parabelstücke ist Dürrenmatt (im Folgenden: F. D.) entfernt. Er bringt in seine Stücke existenzphilosophische Grundeinsichten ein. Nach dem Zusammenbruch des Faschismus als einer den individuellen Menschen „totaliter" vereinnahmenden Ideologie bedeutete Exis-tenzphilosophie Abkehr von allen ideologischen Weltanschauungen mit dem Anspruch auf unumstößliche Wahrheiten. Durch sein Philosophiestudium war F. D. mit den Arbeiten von Kierkegaard, Nietzsche, Heidegger u. a. bekannt und brachte diese Sicht durch die ästhetische Gestaltung existentiellen Lebens in sein dichterisches Werk ein. Die Welt ist für ihn nicht von sich aus sinnhaft, sondern erhält erst durch den Menschen Sinn. Aus der Angst in dieser sinnentleerten Welt darf der Einzelne nicht in entindividualisierende (idealistische oder materialistische) allgemeingültige Denkweisen fliehen, sondern jeder Einzelne muss sich mit Fragen seiner Existenz, auch dem Tod, auseinandersetzen und eine Antwort finden, die für ihn selber wahr ist.

Existenzphilosophisch gesehen gestaltet F. D. in seiner Erzählung „Der Tunnel" eine Situation, in der dem 24-Jährigen seine Situation als Einzelner offenbar wird.

Im Gegensatz zu den Fahrgästen im Zug, die mit einem Heideggerschen „man" konforme Verhaltensweisen übernehmen und dadurch der Wahrheit über sich selbst [i. e. ihrem Tod durch den mit Sternengeschwindigkeit in den Abgrund rasenden Zug] ausweichen und in eine banale Scheinexistenz flüchten wie der Schachspieler, der mit „einem wichtigen Problem der Nimzowitsch-Verteidigung" beschäftigt ist, oder das rothaarige junge Mädchen, „das ... sich in diesem Augenblick [i. e. des Fallens] eine Zigarette" anzündet, „offenbar ärgerlich, dass es im Roman nicht weiterlesen konnte" – im Gegensatz zu diesen erkennt der junge Mann, dass er, vereinzelt, der ihm begegnenden Welt des in den Tunnel hinabstürzenden Zuges nicht zu entfliehen vermag.

Ausführlicher habe ich diese Zusammenhänge begründet in meinen Erläuterungen zur Groteske (bei GRIN), wo ich auch eine von meinen Schülern nachvollziehbare und verstandene Interpretation von Dürrenmatts häufig missverstandener ‚Parabel' „Der Tunnel" veröffentlicht habe. Ich fasse daher zusammen:

Ich habe im Oberstufenunterricht die Bezeichnung „Parabel" mit Kafka enden lassen. Die für die Interpretation eines parabolischen Textes bedeutsame Unterscheidung zwischen Bild- und Sachhälfte ist der Auslegung Jülichers (Die Gleichnisse Jesu, 1970) entnommen und schließt einen theologischen Bereich mit ein. Kafka bezieht seine Parabeln stets auf eine individuelle Wahrheit und zeigt in immer neuen Versuchen das prinzipiell immer gleiche Scheitern des Individuums. Insofern weisen alle Parabeln Kafkas, wie ich sie verstanden, eine aporetische Struktur auf, wenn ich das aus dem Lateinischen stammende Nomen Aporie richtig verstehe als die „Unmöglichkeit, in einer bestimmten Situation die richtige Entscheidung zu treffen oder zu einer passenden Lösung zu finden".[25]

Zwar hat auch Brecht die Bezeichnung ‚Parabelstück' oft verwendet, seine Werke sind aber Lehrstücke über Rassismus und Faschismus, geprägt von seinen „Aufsätzen über den Faschismus" (1933-39). Er sagt da in einem sehr deutlichen Bild, die Dichter, die gegen den Faschismus geschrieben hätten, ohne gegen den Kapitalismus zu sein, seien wie Leute, die das Kalb essen, aber das Blut nicht sehen wollten.

Frisch und Dürrenmatt haben mit Brecht gemeinsam, dass sie das aristotelische Drama (Frisch: „jenes hoffnungslose Imitier-theater") ablehnen, aber beide sind gegenüber dem gesellschaftlich engagierten Theater skeptisch, weil dieses von einer für einzig wahr gehaltenen Weltanschauung ausgeht.

Dürrenmatt war überzeugt, „dass eine nicht nur widersprüchliche, sondern widersinnige Wirklichkeit nicht mehr zu verändern" sei.[26] Die in 7. Auflage 2008 neu herausgekommene „Deutsche Literaturgeschichte" des Metzler-Verlages spricht daher bei Brecht auch nur von Polit-Parabel und bei F. D. von einer parabolischen Form.[27]

Wie reimte M. Claudius doch treffend in seinem Abecedarium
„Ein gülden A B C":
Parabeln sind wohl fein und schön,
Doch muss sie einer auch verstehn.[28]

Anmerkungen

1) Literaturlexikon. Autoren und Begriffe in sechs Bänden. Mit dem Besten aus der ZEIT, Band 6, Metzler: Stuttgart 2008, S. 145
2) Gero von Wilpert, Sachwörterbuch der Literatur, Kröner: Stuttgart 1979, S. 580
3) Grete Schneider, Die Wiederkehr der Parabel, Hirschgraben: Frankfurt/ M. 1966, S. 55
4) Werner Brettschneider, Die moderne deutsche Parabel. Entwicklung und Bedeutung, Erich Schmidt: Berlin 1971, S. 9
5) Literatur-Lexikon. Daten, Fakten und Zusammenhänge, hg. v. Wieland Zirbs, Cornelsen: Berlin 1998, S. 280
6) Eugen Biser, Theologische Sprachtheorie und Hermeneutik, Kösel: München 1970, S. 191 und 353 f.
7) Werner Thomas, Opus superrogatum. Didaktische Skizze zur Interpretation von Lessings „Nathan der Weise", in: Der Deutschunterricht, Jg. 11, Heft 3, (Klett: Stuttgart 1959) S. 52 f.
8) Schumacher, Literaturepochen: Moderne, Bayerischer Schulbuchverlag: München 1986, S. 91
9) Deutsch in der Oberstufe, hg. v. Peter Kohrs, Schöningh: Paderborn 1998, S. 429
10) Blickfeld Deutsch. Lehrerband, hg. v. Mettenleiter/ Knöbl, Schöningh: Paderborn 1992, S. 326
11) Annemarie und Wolfgang van Rinsum, Interpretationen. Kurzprosa, Bayerischer Schulbuchverlag: München 1982, S. 14
12) Deutsch – Oberstufe, hg. v Pelster/ Krebs, Bayerischer Schulbuchverlag: München 1992, S. 69
13) Theodor Pelster, Epische Kurzformen. Methoden der Interpretation, Schwann: Düsseldorf 1976, S. 99
14) van Rinsum, S. 16
15) Lesebuch A 10 (Gymnasium), Klett: Stuttgart 1968, S. 60
16) Näheres in: BBKL – http://www.bautz.de/bbkl/b/baal
und: Kröners Philosophisches Wörterbuch, neu bearbeitet von Georgi Schischkoff, Kröner: Stuttgart [20]1978, S. 83 und 94
17) Franz Kafka, Beschreibung eines Kampfes. Novellen, Skizzen, Aphorismen aus dem Nachlass, hg. v. Max Brod, Fischer: Frankfurt/ M. o. J. (1954), S. 107
18) Die Bibel oder die ganze Heilige Schrift des Alten und Neuen Testaments nach der deutschen Übersetzung Martin Luthers. Textfassung 1912, Deutsche Bibel-gesellschaft: Stuttgart 1982, S. 85 f.
19) Die Heilige Schrift des Alten und Neuen Testaments, Verlag der Zürcher Bibel: Zürich [21]1996, S. 102 f.
20) die Luther-, die Pattloch- und die Zürcher Bibel nennen Lk. 15, 11 – 32 übereinstimmend Gleichnis, nicht Parabel; Pattloch-Bibel meint: Die Bibel. Einheitsübersetzung der Heiligen Schrift. Altes und Neues Testament, Pattloch-Verlag: Augsburg 1992
21) Literaturwissen für Schule und Studium: Carsten Schlingmann, Franz Kafka, Reclam: Stuttgart 1995, S. 129
22) Kafka-Handbuch, Band 2, Das Werk und seine Wirkung, hg. v. Hartmut Binder, Kröner: Stuttgart 1979, S. 351

23) Friedrich Beißner, Kafka. Der Dichter, Stuttgart 1958, S. 14

24) Karl Marx/ Friedrich Engels, Ausgewählte Schriften in zwei Bänden. Band 1, Dietz: Berlin 1970, S. 336

25) Der Große Duden in zehn Bänden. Band 5: Fremdwörterbuch, Bibliographisches Institut: Mannheim 1966, S. 61

26) Literaturwissen für Schule und Studium: Wilhelm Große, Friedrich Dürrenmatt, Reclam: Stuttgart 1998, S. 24-34, und: Lesebuch. Vom Barock bis zur Gegenwart, bearb. v. Ulrich Müller u. a., Klett: Stuttgart 1985, S. 286-288

27) Deutsche Literaturgeschichte. Von den Anfängen bis zur Gegenwart, hg. v. Wolf-gang Beutin u. a., 7., erweiterte Auflage Metzler: Stuttgart 2008, S. 471 ff.

28) Matthias Claudius, Der Mond ist aufgegangen, Insel: Frankfurt/ M. 1998